Crowzal

−45
−n°608 bis

A M. J.ᴴ DE VILLELE,

SUR SES OBSERVATIONS

A MESSIEURS

LES DÉPUTÉS AU CORPS LÉGISLATIF.

Mᴏɴsɪᴇᴜʀ,

Sɪ j'appréciais mal votre caractère , je n'aurais pas entrepris de répondre à vos observations. Mais je connais votre franchise , et j'ose réfuter plusieurs assertions , pour le moins hasardées , contenues dans votre ouvrage.

Ne croyez point, Monsieur, que j'aie la prétention de forcer l'opinion de qui que ce soit; je sais qu'elle est indépendante de nous ; aussi n'ai-je jamais pu concevoir les haines qu'elle a fait naître et qu'elle entretient encore parmi des hommes faits pour s'estimer mutuellement. Mon but est de fortifier les principes de ceux qui pensent comme moi, et qui se laisseraient séduire , peut-être , par la réputation de sagesse dont vous jouissez à si juste titre.

Vous avez tracé vous-même le plan que je dois suivre dans ma réponse , et je vous réfuterai dans 'ordre que vous avez suivi. Je me répéterai souvent avec vous ; mais ce qui ne serait pas permis dans un ouvrage sérieux , sera moins ridicule dans celui-ci , qui n'est qu'une simple lettre.

Mais , avant tout , Monsieur , êtes-vous dans une situation bien désintéressée pour parler de tout ce qui fait le sujet de vos observations ? N'avez-vous , malgré vous , aucune arrière-pensée ? N'êtes-vous pas influencé par d'anciens souvenirs , quand vous réclamez avec tant d'instance le retour de l'ancien ordre de choses ? Si , comme on me l'assure , vous jouissiez de certains priviléges attachés à la naissance , et par conséquent au hasard , vous êtes déjà partial. J'avoue que je puis à mon tour essuyer le même reproche , car je suis né dans la classe de ceux qui souffraient de tous ces priviléges , et qui ont dû les voir supprimer avec plaisir. La différence qu'il y aura seulement entre nous , c'est que j'ai la bonne foi d'en convenir , sans que vous m'en ayez donné l'exemple. Il est bien possible que , vous dans ma position , moi dans la vôtre , aurions une manière de voir toute opposée , tant l'intérêt personnel aveugle les hommes ; mais il faut toutefois convenir que celui qui souffrait avec le plus grand nombre de certaines exceptions et qui en redoute le retour , est dans une situation plus favorable que celui qui s'établit le coriphée du petit nombre pour les redemander.

Vous pressentez déjà , Monsieur , que je dois avoir une idée bien éloignée de la vôtre sur ce que vous appelez l'opinion publique, ce dont vous vous convaincrez mieux plus bas.

Je copie :

« Les fatales imprudences de l'Assemblée consti-
» tuante, les crimes de la législative et de la Con-
» vention, l'avilissement dans lequel ont été jetés
» les conseils sous Buonaparte (1), n'ont pas dû
» inspirer à la France un grand intérêt pour le
» gouvernement représentatif. »

Je ne crois pas que plusieurs épreuves malheu-
reuses aient dégoûté les Français, autant que vous
le pensez, de cette forme de gouvernement ; car ils
seraient comparables à un médecin qui rejeterait
le kinkina, seul spécifique contre la fièvre, parce
qu'il ne lui aurait pas réussi sur ses premiers ma-
lades.

Mais, Monsieur, les imprudences de l'Assemblée
constituante, que vous ne nous faites point connaître, a-t-elle pu les éviter ? N'étaient-elles point,
comme les crimes de la législative et de la con-
vention, l'effet de la désertion d'une classe d'hommes accoutumés à influencer ? L'avilissement des
conseils n'était-il pas la suite des efforts de ces
mêmes hommes pour rentrer dans une patrie, dans
des biens et des priviléges qu'il avaient appris à

____

(1) Plus bas, vous trouvez cependant ces conseils
avilis dignes de nous représenter pour la rédaction de
l'acte constitutionnel.

(4)

regreter ? Le Sénat, sous Buonaparte, a-t-il bien été le maître de secouer le despotisme aussitôt qu'il l'aurait voulu ? La crainte de nous livrer à une guerre civile ne devait-elle pas le tenir en suspens ? l'idée seule en fait frémir. Répondez franchement : n'était-ce pas la peur raisonnable de cet horrible fléau qui attachait seule tant de citoyens paisibles au gouvernement que nous avions avant le 1.er avril. Quant à moi, Monsieur, qui ai désiré la première révolution et qui croyais avoir d'excellentes raisons pour cela, j'ai repoussé de tous mes vœux celles qui l'ont suivie, et je prends Dieu à témoin que j'en aurais fait autant quand j'aurais été sous le sceptre du Dey d'Alger, tant j'ai en horreur les guerres intestines.

De ce que depuis vingt-cinq ans *on tente vainement de nous donner une constitution*, s'ensuit-il que nous ne devions pas désirer d'en avoir une ? c'est précisément tout le contraire : nous la voulons bonne, et non pas pour nous seuls, mais pour tout le monde.

Pour nous en dégoûter, vous nous parlez *de réputations qui n'ont pu traverser sans tache le long période de vingt-cinq ans ;* mais, outre que les réputations ne font rien en matière de bases à donner à un gouvernement, je vous prie d'observer que s'il était possible de composer d'esprits célestes les grandes magistratures, du moment que vous supposerez deux opinions, ce qui est indispensable, il n'y aura pas dans ces corps de réputation sans tache ; car les deux partis se calomnieront. Si quelque chose doit étonner , c'est votre surprise à cet égard ; et qu'après avoir *voyagé à quatre mille lieues de votre pays* , vous ignoriez ce qui se passe en Angleterre , où les Wighs et les Toris se méprisent et s'injurient ; dans l'Amérique septentrionale où le parti des républicains et ses adversaires en font autant. Cela n'empêche pas les uns et les autres de se réunir quand il faut défendre la patrie. Allez donner aux Anglais et aux Américains le conseil de jeter , pour ces motifs , leur constitution dans les flammes , ils se moqueront de vous.

Des réputations intactes ! Monsieur , où en trouver ? Dans les gouvernemens despotiques même il n'en existe point. Et pour ne citer que la France , sous ses Rois , quel a été le ministre , et en descendant , l'homme en place , dont la réputation n'a pas été attaquée par des envieux ? Montons au premier degré de puissance : Henri IV , le meilleur de nos Rois , n'a-t-il pas été calomnié ? Le parlement de Toulouse , celui de Paris , ne l'appellaient-ils pas bâtard ? Que prouvent ces inconvéniens attachés à notre condition d'hommes ? rien du tout.

Continuons : « Où trouver ces hommes qu'il faut » consentir à voir élever au-dessus de nous , eux » et leurs enfans ? »

Vous ne voulez point d'exception , sans doute , et choisir selon vos idées ; car j'aurais le droit aussi de mettre les miennes en avant, et nous n'en finirions pas. Où les choisira-t-on ? Partout, Monsieur. Quant à moi, si j'étais le maître, et dussiez-vous vous récrier, je choisirais M. Grégoire, par exemple. La franchise me plaît dans toutes les opinions, et ce respectable prélat en fait profession avec une persévérance admirable, dans un siècle où il aura peu d'imitateurs.

Dire je suis républicain, quand on n'a nul profit à retirer d'un aveu si formel ; je suis janséniste, pour donner des vapeurs à plus d'une dévote, et ne pas gagner à cette confession le chapeau de Cardinal, me semble une espèce de miracle. Mais sera-t-il fidèle au monarque, s'il en fait la promesse ? voilà la question importante, et je réponds qu'il le sera. N'en êtes-vous pas aussi convaincu que moi, Monsieur, dans le fonds de votre conscience ?

D'ailleurs, n'avez-vous pas dans le Sénat d'autres hommes recommandables ? Ne proscrivons point des corps en masse, je vous en conjure ; car, outre qu'on ne peut se flatter de connaître assez les individus qui les composent, c'est vouloir se faire accuser de témérité, d'esprit de parti. N'y trouvez-vous point des noms assez célèbres, et même *biens sonnans* ? J'avoue que pour moi je n'attache aucune importance aux noms, et que je ne conçois pas pourquoi l'un plaît à l'oreille plus que l'autre. M. Bergasse, qui s'est éveillé un beau jour comme Epiménide, après un assez long sommeil, nous donnera sans doute la clef de cette musique nouvelle , s'il trouve qu'il n'y a point de risque à courir.

Qui choisirons-nous ? Vous , Monsieur ! oui , vous-même : parce que vous êtes un galant homme , doué de beaucoup de lumières , qui aimez l'agriculture , le commerce ; plus encore , le repos public. Et quand on vous aura élevé à ce poste éminent , pour lequel votre modestie vous porte peut-être à croire que vous êtes peu propre, nous vous tiendrons pour un homme justement mis au-dessus de nous.

Nous ne choisirons point ces hommes qui, tout infatués qu'ils sont de l'ancienneté de leur race, obstruaient les antichambres de Buonaparte ; qui accablaient les ministres de leurs placets, qui caressaient les préfets et toutes les autorités en les dénigrant ; qui, toujours les premiers sur les rangs quand il fallait envoyer des députations à celui dont ils ont jeté le buste par les fenêtres , se promenaient périodiquement sur les grandes routes, pour aller lui offrir , sans mandat, nos bras , nos biens et nos vies. Nous choisirons enfin , et quelle que soit son opinion , tout homme qui ne s'est ni déshonoré , ni vendu sous aucune espèce de tyrannie , et qui nous offrira d'ailleurs les garanties exigées par la constitution qu'on nous prépare.

« L'impôt sera librement consenti ; la liberté publique et individuelle ; celle de la presse et des cultes garantie. »

Vous réunissez dans un seul alinéa vos objections

bien faibles , contre trois articles bien distincts , et dont vous prétendez prouver l'inutilité en disant : *Jamais l'inquisition politique ou religieuse n'a comprimé si complètement la nation, que depuis qu'on s'est occupé de donner des garanties à la liberté de la presse et à celle des cultes.* Est-ce là ce que vous appelez une raison démonstrative , pour dégoûter tout homme réfléchi de demander ces garanties. C'est , je le confesse , une étrange manière d'argumenter. Vous vous en contentez cependant , pour nous prouver *qu'il faut chercher dans nos anciennes institutions le moyen d'atteindre ce but d'une manière plus conforme à l'expérience, à l'esprit et aux habitudes nationales.* Pourquoi ne pas nous éviter, Monsieur , la peine de cette recherche , et ne pas nous indiquer vous-même ce que vous trouvez de si favorable dans nos anciennes institutions. Des hommes dont je respecte les lumières , et qui sont aussi versés que vous dans la connaissance de nos vieux usages , soutiennent qu'il n'y a jamais eu que des règles non écrites et fort incertaines , en fait de gouvernement.

Lorsque le curé de ma paroisse, fils de mon paysan , exemptait son jardinier du sort , et que j'y étais moi-même assujetti , la liberté publique était-elle consacrée ? La liberté individuelle l'était-elle d'avantage, quand les femmes de chambre des cailletes d'un sous-commis , faisaient trafic de lettres de cachet en blanc ? La liberté des cultes était-elle assurée , lorsque , sous Henri III et sous Henri IV , le pape et les Espagnols dominaient en France , et mettaient tout à feu et à sang pour détruire les sectateurs de Calvin ? Lorsque un Dominicain assassinait son roi pour aller dîner avec les anges ? et un maitre d'école le meilleur des princes , pour empêcher le triomphe de l'hérésie ? Ou bien , était-ce sous Louis XIV , du temps des massacres des Cevènes et de la révocation de l'édit de Nantes ? Je m'arrête. Où ne me conduirait point une plus longue réfutation de vos principes !

Vous ne critiquez point le chapitre de l'impôt , et je pense bien qu'en votre qualité de grand propriétaire, vous en reconnaissez la sagesse : c'est encore quelque chose. Mais vous ne faites pas attention que de celui-ci découle la nécessité du pacte social. Car , pour asseoir l'impôt , il faut des corps intermédiaires entre le monarque et le peuble. L'un demande , et les autres accordent au nom et selon les facultés de leurs commettans.

« Les propriétés seront inviolables et sacrées ; la » vente des biens nationaux est irrévocable. »

Vous commencez par énoncer sur cette matière une grande vérité , mais vous en tirez de fausses conséquences. Oui , Monsieur, *il y a dans l'état des biens moins propres que d'autres à ceux qui les possèdent.* Ce sont les biens nationaux , et même de toute origine , car ils ont un cours moins élevé. Mais ce n'est ni la conscience , ni le besoin de déclarations qui leur donne cette valeur ; c'est l'état permanent de révolution ; c'est l'intérêt de l'acheteur à profiter des circonstances pour déprécier l'objet qu'il convoite , afin de l'obtenir au plus bas prix. Ajoutez à cela la rareté du numéraire , l'habitude et le lucre de l'usure , les impôts exorbitans , etc. , qui rendent plus fréquent le besoin de vendre , et jettent dans le commerce une plus grande quantité de ces biens. Mais l'homme le moins instruit , le paysan le plus grossier , savent bien que la vente des domaines nationaux est l'arche à laquelle nul ne touchera. Supposez à la tête du gouvernement les seuls émigrés ; ils n'auront pas plutôt approfondi la matière , qu'ils seront forcés de convenir de l'impossibilité d'aucun retour sur ces biens.

Faut-il vous rappeler que l'assemblée constituante , dans un de ces beaux mouvemens qui lui firent embrasser tant d'erreurs , et commettre ces imprudences dont vous nous parlez , voulut essayer une pareille mesure sur les propriétés vendues par l'effet de la révocation de l'édit de Nantes : elle décréta le principe , et en trouva l'application impossible. Sous François Ier , si ma mémoire ne me trompe , on s'efforça envain de faire annuller des ventes de biens du clergé. Combien d'autres exemples ne pourrai-je pas vous citer. Que serait-ce donc aujourd'hui , qu'une si grande quantité de propriétés ainsi vendues , a été divisée , sous-divisée de tant de manières et parmi tant d'individus ? Allez dire aux laboureurs de mon département , et de tant d'autres , qu'ils rendent le boisseau , l'arpent de terre qu'ils ont acquis il y a plus de vingt ans ; ils vous répondront : prends ma vie , si tu l'oses , mais laisse moi ma propriété. Avez-vous réfléchi , dans quel labyrinthe , dans quel abîme nous jetteraient vos principes ou vos vœux. Vous avez la bonne foi de mettre en question : *s'il est un acquéreur qui ne consente à traiter de gré à gré , à entrer en composition avec l'ancien propriétaire.* Ah ! ne connaissez-vous pas assez les hommes pour la résoudre d'avanc , cette question ? Ils sont tous de bronze , en fait d'i.- térêt personnel.

Voudriez-vous nous faire part des moyens que vous mettriez en usage pour les entraîner ; pour les forcer de se départir de ce qu'ils possèdent depuis tant d'années ? Serait-ce la persuasion ? La voie vous en est ouverte , et les ministres de toutes les religions vous la rendront plus facile ? Employez votre éloquence ; celle des malheureux dépossédés , que je plains tout autant que vous ; qu'elle opère des miracles : nous lé- verrons , nous les applaudirons avec plaisir. Serait-ce par une loi formelle ? Mais comment la rédigeriez-vous ? en forme d'invitation ? elle serait inutile et dé- risoire : d'injonction ? mais on n'enjoint pas de s'ac- commoder : les confesseurs peuvent tout au plus user de ce privilège , *in articulo mortis.* Il faudra donc revenir à un retour pur et simple. Eh bien ! je vous l'accorde , je veux même supposer ce retour sans obs- tacle pour les biens d'émigrés. Laissons de côté , si vous le voulez , toutes les angoisses où vous allez jetter les acquéreurs de propriétés connues sous une autre dénomination ; l'éveil que vous donnerez à leurs créanciers ; le préjudice que vous porterez à leur crédit et à leur commerce ; comment ferez-vous pour opérer ce bouleversement ? Ne savez-vous pas que vous déposséderez une grande partie des émigrés eux-mêmes , qui sont possesseurs de ces propriétés par des acquisitions faites à des tiers , par des héritages , par des alliances ? vous voulez donc les ruiner une seconde fois ?

Voici , à l'appui de cette question , un fait que je prends la liberté de soumettre à vos méditations : il est pris dans la petite ville de Gaillac, lieu de ma naissance. Un émigré , fils d'un ancien magistrat , a perdu une propriété considérable , par suite de son émigration et de la condamnation de son père. Un autre émigré , lieutenant de vaisseau avant la révolution , que je ne connais point , mais que l'on dit homme très-recommandable , a reçu pour la dot de sa femme , en se mariant , partie des biens du premier (1) : quel est celui des deux qui vous semble le plus intéressant? Et n'y aurait-il pas là un émigré ou une famille d'émigré lésée ?

Prenez-y garde, Monsieur , vous paraissez aussi las de révolutions que moi ; et , sans y songer, avec les meilleures intentions du monde , vous en provoquez une qui serait bien épouvantable , parce qu'elle

---

(1) S'il ne les a pas reçus , ils composent au moins une grande partie de la fortune de son beau-père.

aurait pour foyer la cause la plus opiniâtre : l'intérêt personnel.

En fait de retour sur les biens nationaux, il n'y a que le premier pas qui coûte. Admettez la nullité de la vente des uns, elle entraîne la nullité de la vente des autres. Bientôt se présentera la question des biens dits du clergé. Des orateurs non moins éloquents que vous, nous démontreront que ces biens ont été vendus contre les lois divines, car ils appartenaient à Dieu, et que pour les rendre à leur destination, il faut rétablir la longue kirielle des ordres monastiques. Vous ne voulez pas de ce rétablissement, Monsieur, parce que en votre qualité d'agriculteur habile, vous auriez peur du retour de la dîme : ne les rétablissons donc point. Alors que ferons-nous de ces biens ? Les rendra-t-on au gouvernement ? Mais, s'il les fait régir, ils deviendront presque nuls pour l'agriculture, et dans quel embarras vous le jettez ! Il se trouvera privé en outre du produit des droits de mutation et de l'impôt annuel. Voulez-vous que le gouvernement les revende ? mais de bonne foi, quel est celui qui se présentera aux enchères ? Quel est celui qui ne dira point : La nation, légalement représentée, avait aliéné, depuis plus de vingt ans, des biens qui ont été revendiqués, en violant tous les droits de propriété ; Dieu me garde d'en acheter. Qui me répondra qu'un autre revers de médaille ne forcera pas ma famille d'en déguerpir à son tour.

Vous parlerai-je des mutations consommées, et suivies de mutations sans nombre ? de la subsistance des vieillards et des enfans ? de la dot des filles , et du espect dû aux contrats de mariage ? Voudriez-vous Monsieur , que vos enfans, mariés sur la foi des lois de l'état , se vissent réduits à la mendicité ? Comment , d'ailleurs , établiriez-vous l'échelle du prix d'achats ? Comment régleriez-vous les indemnités en fait d'améliorations , d'embellissemens , de réparations de toute espèce ? Grand Dieu ! tous les tribunaux de l'Europe ne suffiraient point pour vider dans cinquante ans les procès auxquels vous donneriez sujet. Il faudrait donc aussi , par une conséquence bien simple , que l'état remboursât à son tour les créanciers de 1789 et des années antérieures ? Qu'il ajoutât au tiers consolidé les deux autres tiers ?

Voyez , je vous prie , où vous nous entraîneriez.

Et de grâce , Monsieur , que répondriez-vous au propriétaire qui a le bonheur d'avoir acquis son domaine pour rien , comme vous le voulez , et qui vous dirait : « En achetant ces biens que vous prétendez » m'avoir été adjugés à un prix si vil ; savez-vous ce » que j'ai mis dans la balance ? mon propre sang ! » car enfin , n'ai-je pas couru le risque de la vie , » puisqu'à l'époque où j'en devins possesseur , les » hommes les plus puissants parmi mes compatriotes, » menaçaient, les armes à la main , d'exercer contre » nous de sanglantes représailles ? J'ai cru que la con- » fiscation exercée contre eux était une mesure juste; » parce que lorsqu'on a à se plaindre chez soi des

» violences ou d'un tort quelconque , on n'en acquiert
» point le droit d'appeler contre son pays des étrangers
» armés , parce que les motifs de l'émigration étaient ,
» à quelque exception près , des motifs ridicules (1) ;
» parce qu'enfin , je ne voyais pas que l'immense ma-
» jorité d'une nation sous l'égide de son roi , pût être
» en révolte ouverte contre la minorité de cette même
» nation. »

Vous terminez vos réflexions sur la vente des domaines nationaux par celle-ci , non moins extraordinaire que toutes les autres.

*Laissons au moins aux tribunaux la faculté de
régler , selon les lois et leur conscience , les diffé--
férens qui pourraient s'élever entre les moins raison-
nables* des acquéreurs et des émigrés sans doute ?
Voici ma réponse : Les lois que vous invoquez n'exis-
tent point ; la conscience des juges leur prescrit d'être
justes en dépit de leurs inclinations ; les différents
sont réels , il est vrai , car les uns voudraient rentrer
dans des biens que les autres soutiennent avoir bien
acquis. Mais ce qui doit tranquilliser ceux-ci , c'est
que leurs prétentions sont garanties par l'impossibilité
démontrée de les déposséder.

Je fais la remarque , Monsieur , que dans toutes vos

---

(1) Les émigrés ne voulurent point du gouvernement
constitutionnel de Louis XVI , en conservant leurs richesses , pour rentrer en France dix ans après , et vivre
pauvres sous le joug de fer de Napoléon.

critiques sur les bases de l'acte constitutionnel ; vous tranchez la difficulté par des raisons que vous ne prenez pas la peine de développer. Par exemple , pour prouver qu'il ne faut pas de responsabilité des ministres , que dites-vous ? *Ce qui est beau en théorie est sujet à de graves inconvéniens. Cette responsabilité est bonne chez les Anglais et ne vaut rien pour nous* , et enfin : *les bons ministres seront poursuivis, et les mauvais ne le seront point.* Encore , si vous aviez appuyé tout cela de raisonnemens solides , vous nous auriez persuadés , peut-être : mais vous ne vous en mettez guère en peine. Or , j'avoue que je ne comprends pas comment , en fait de responsabilité , ce qui est beau en théorie , puisse ne l'être pas autrement. Vous approuvez cette institution chez nos voisins et vous la repoussez chez nous , à cause de la différence des caractères. Vous ignorez donc que les institutions forment à la longue le caractère des peuples , comme l'éducation forme celui de l'homme privé ? Démontrez-moi que celle-ci est inutile, vous aurez démontré l'inutilité des institutions politiques. Si toutes celles qu'on a essayé de nous donner jusqu'à ce jour ont eu des résultats peu satisfaisans , faut-il vous répéter que la faute en est moins au caractère de la nation qu'aux hommes qui l'ont gouvernée , avec l'intention de faire des lois pour les mépriser le lendemain ?

Aujourd'hui que le plus ancien trône du monde est occupé par la plus ancienne dynastie ; aujourd'hui que l'expérience nous aura rendus prudens, tout sera stable, sans doute. Nous attaquerons nos ministres prévaricateurs, sans craindre de manquer de déférence envers le Monarque. Si les ministres du bon roi sont persécutés, ce qui sera bien rare, ne vous en déplaise, ils auront cela de commun avec les simples particuliers que rien ne saurait mettre à l'abri d'un mauvais procès, et qui ne sont pas dédommagés par les consolations du prince. Si les mauvais ministres ne sont pas poursuivis, ce sera un malheur encore ; mais la loi existera, et quand elle ne serait mise en vigueur qu'une seule fois dans une période de cent années, j'y trouverai moins d'inconvéniens, qu'à ne pas consacrer le principe de la responsabilité.

Gardons, continuez-vous, *les institutions qui nous conviennent.* Mais de grâce, Monsieur, quelles sont-elles ces institutions ? vous nous en parlez beaucoup, et n'en désignez aucune. Où sont-elles écrites ? Puisque vous les trouvez si bonnes, vous les avez donc approfondies ? Et alors pourquoi tant d'hésitation ? Expliquez-vous franchement sur celles *qui vous conviennent.*

J'arrive à vos réflexions sur ce que vous appellez *la seule noblesse française.* Avant d'entrer en matière, expliquons-nous enfin sur ce que vous entendez par l'opinion publique, car vous l'invoquez fréquemment dans un petit nombre de pages. Cette opinion serait-elle celle de vos sociétés habituelles ?

Je ne pense pas que vous ayez la prétention de la trouver dans leur sein, et il serait par trop ridicule de la chercher parmi ceux qui ont le rare avantage d'ajouter une particule au nom de leurs aïeux. D'ailleurs, peu d'hommes sont assez répandus pour pouvoir affirmer quelle est l'opinion publique. Mais, dussé-je me répéter, j'ai encore sur vous, ici, un avantage incontestable ; c'est qu'en fait de titres, de priviléges, de rang, si vous voulez, que tout le monde ne saurait obtenir, et qui favorisent le petit nombre au préjudice du plus grand, celui qui se trouve dans la dernière hypothèse invoquerait l'opinion avec plus de fondement, s'il était juste de l'invoquer. Et alors, Monsieur, en supposant surtout que ce fût ici le cas de faire l'essai d'un appel nominal, vous seriez bien loin de votre compte, et ne verriez peut-être pas sans quelque dépit, que ceux chez lesquels vous faites *résider* l'opinion publique ne forment point le millième de la population.

Cela posé, je reviens à votre noblesse. Comment la voulez-vous ? Sera-t-elle fondée simplement sur l'opinion de vous et des vôtres, mais sans priviléges ? Personne ne sera tenté de vous la disputer. Exigez-vous que le notaire et l'officier public vous donnent, comme par le passé, le titre d'écuyer, de haut et puissant seigneur ? j'y consens. Voulez-vous qu'en vous écrivant, nous ayons soin de ne pas oublier à la suscription de nos lettres cette particule qui vous donne sur nous tant d'avantage ?

nous n'y ferons faute. Le mérite que vous attachez à tout cela git dans l'imagination , et je conviens que , sous ce rapport, votre noblesse a vécu dans *l'opinion* de certains hommes , *lorsque les constitutions la condamnaient à mort* : si toutefois on peut condamner à mort une noblesse d'opinion.

Voulez-vous une noblesse étayée sur des priviléges ? Alors vous m'accorderez au moins qu'avant 1789 la nôtre était par trop nombreuse , et que nous étions menacés par la suite des temps de devenir tous nobles comme la nation Corse. Eh! quoi ! vous flatteriez-vous que l'opinion publique réclamât cette cohue de nobles qui s'appréciaient réciproquement à raison du nombre de quartiers , et qui s'accordaient pour fouler la classe industrieuse en la méprisant ! Non , cela n'est pas possible. Ce serait contre les intérêts de la nation , contre ceux de la famille régnante ; vous nous replongeriez dans la barbarie , dans la misère ; vous nous rameneriez aux donjons, aux châtellenies , et à tout l'affreux système féodal.

Ces Anglais que vous citez tant, Monsieur, ont une noblesse , et une véritable noblesse. Vous n'ignorez pas sans doute qu'elle est dans une proportion raisonnable avec le reste de la nation. Faites des vœux pour qu'on les imite en formant une chambre haute et nous voilà d'accord sur ce point. Mais on voit bien que cette chambre haute ne vous sourit pas , et que c'est là précisément que le projet de constitution vous blesse. Si nous l'admettons , en effet , que deviendront ces myriades de nobles , et leur orgueil , et leurs espérances insensées. Certes , je ne m'en embarrasse guères : elles seront , comme vous dites bien , *confondues dans la classe du peuple*; et je ne vois pas là un grand malheur. Mais remarquez , je vous supplie , combien de fois vous êtes en contradiction avec vous-même. Ici vous redoutez que les nobles ne soient confondus avec le peuple , et ailleurs vous affirmez que la noblesse est constamment restée telle dans l'opinion , malgré les constitutions qui l'avaient condamnée à mort. Craignez-vous que cette opinion , si constante pendant nos orages politiques , cesse de l'être aujourd'hui ?

Ouî , Monsieur , *nous n'aurons que deux ou trois cents familles nobles.* Prenez votre parti galamment sur ce point , je vous le conseille ; car en conscience c'est bien assez. Demandez-le à nos négocians , à nos agriculteurs , et à tout ce que vous appelliez bourgeois : ils s'accoutumeront sans peine à voir les deux ou trois cents familles justement récompensées , titrées , si vous l'aimez mieux. Tandis qu'ils ne se consoleraient jamais du rétablissement de l'ancienne noblesse. Pour mon compte , je crois que je ne céderais le pas qu'au quinzième quartier révolu sans aucune altération ; et si d'autres étaient tentés de faire comme moi , voyez où un pareil entêtement nous conduirait.

Au reste , ce qui échappe de votre plume sur le

chapitre de la noblesse , exprime toute la franchise de votre cœur , et combien vous tenez à vos préro-gatives : vous êtes digne de les conserver , Monsieur , je me plais à le répéter. Tous les anciens privilégiés ne m'arracheraient point un pareil vœu ; daignez le croire , car je veux être franc à mon tour.

Je continue : « Tout Français sera admissible aux » emplois civils et militaires.

Vous passez , ce me semble , très-légèrement sur cet article , auquel , si j'ose le dire , les Français attachent tant d'importance. N'eût-il pas été généreux de votre part de vous appesantir sur la nécessité de cette déclaration ; sur les ridicules préjugés qui nous condamnaient , dans l'ancien régime , aux simples fonctions d'avocat , de médecin , de prêtre; et dans l'état militaire , à celles de soldats jusqu'au grade d'officier de fortune ? Vous avez beau , pour nous rassurer à l'avenir , vous étayer du progrès des lumières , des richesses , de l'instruction , répandues dans toutes les classes : il nous faut d'autres garanties. Justement alarmés des préjugés et des prétentions d'une très-petite portion de la grande famille , nous sentons le besoin de trouver ces garanties dans une charte constitutionnelle : tant de gens sont intéressés à compter pour peu de chose les qualités qui enno-blissent le cœur de l'homme , et pour moins encore les lumières qui ne sont pas étayées par des titres !

Parmi toutes vos contradictions , Monsieur , la plus extraordinaire est celle-ci ; vous parlez de l'an-

cien gouvernement, et vous dites : « Rétablissons
» tout ce qui est susceptible d'être rétabli, soyons
» sobres d'innovations ».

J'ai souvent trouvé dans mes lectures une page en
contradiction avec une autre page ; mais je n'avais
pas encore fait cette remarque dans si peu de lignes.
Eh ! Monsieur, y a-t-il une plus grande innovation,
une innovation plus dangereuse que celle de rétablir
ce qui a été détruit depuis vingt-cinq ans ? Dites-
nous donc ce qui est susceptible d'être rétabli ?

Serait-ce les parlemens avec leurs bazoches ? La
France entière est conjurée contre ce rétablissement,
je vous en avertis ; et, s'il est permis de le dire,
Louis XVIII est à la tête de la conjuration. Eh quoi !
les Bourbons ne se rappellent-ils point que les parlemens ont été presque toujours en révolte contre le
Roi, depuis François Ier jusqu'à la fin du règne de
Louis XVI, si vous en exceptez la grande partie du
règne de Louis XIV, depuis la scène des bottes
fortes et du fouet ! Ne lisent-ils point à chaque page
de notre histoire, les insolentes prétentions de ces
corps qui écrasaient le peuple et qui osaient parler en
son nom ? De ces magistrats à prix d'argent, qui
comptaient dans leur sein plus d'un homme sorti la
veille de je ne sais où, et qui dans plusieurs circonstances se sont arrogé le droit de fixer l'ordre de
la succession ? Ils s'opposaient à des impôts onéreux,
me direz-vous : oui, quand ces impôts blessaient di-
rectement leurs intérêts ou leurs prérogatives : oui,

quand ils voulaient faire servir le peuple à leursvues particulières, en l'armant contre leur souverain. Mais sans desseins cachés et seulement pour le bien de la France : jamais.

Certes, c'était une belle institution, que ces cours, chacune souveraine dans son ressort, dont l'une voulait et l'autre ne voulait point ! Qui faisaient à Grenoble un crime de ce qui était à Toulouse une vertu ! Qui tiraillaient l'état dans tous les sens ! Avez-vous oublié toutes les circonstances où le monarque fut contraint d'employer deux fois autant de régimens qu'il y avait de parlemens dans le royaume, pour faire enregistrer l'édit le plus simple ? Combien de fois nos frontières restèrent sans défense contre l'ennemi ! Combien de batailles perdues nous devons aux parlemens, parce qu'il avait été nécessaire de disséminer les armées pour contenir des magistrats ! Ne vous souvient-il plus de M. de Fitz-James, venant à Toulouse au nom du Roi, obligé de se faire garder par deux mille hommes au domaine de Montblanc, de peur d'être pris et condamné à être pendu par une douzaine d'étourdis à robe longue, qui, peut-être, avaient acquis ce droit la veille au prix de trente mille francs ?

Sans doute avec les parlemens, il vous faudra le rétablissement des coutumes, et par conséquent trente législations ; car, en supposant que ce ne soit pas votre vœu, si vous admettez une fois le retour de ces corps de magistrature, ce sera le leur, soyez

en convaincu : et nous verrons encore , comme autrefois , la loi s'expliquer d'une manière au nord de
la France et d'une autre manière au midi. Oh ! sans
doute si vous désirez d'autres révolutions , les parlemens vous serviront à merveilles , car , après avoir
occasionné tous nos troubles , ils ont fini par nous
donner la révolution de 1789 : les insensés ! ils ont
suivi de près l'infortuné Monarque qu'ils précipitèrent
du trône ! Mais respectons leurs cendres et n'achevons pas.

Que regretez-vous encore de nos anciennes institutions , Monsieur ? Les états-généraux ? Je sais à
merveilles qu'ils remplaçaient les assemblées du
champ de Mars , où nos rois furent plus d'une fois
élus par acclamation ; et je sais aussi que la forme
du gouvernement ayant souvent changé , ils étaient
devenus bien peu de chose : on était même si fort
en contradiction sur les bases qui les constituaient ,
qu'à toutes les époques où le besoin s'en est fait
sentir , on a varié sur la forme de leur convocation.
Qu'est-ce d'ailleurs , je vous le demande , qu'une
assemblée nationale qui n'avait pas le droit de se
réunir d'elle-même ? à laquelle on recourait à peine
une fois dans un siècle ? et qu'enfin le Roi avait la
faculté de ne jamais convoquer ?

Disons-le franchement : il n'y avait autrefois en
France que le Roi ; il réunissait sur sa tête tous les
pouvoirs , même le pouvoir judiciaire qui fut délégué dans la suite. Saint Louis jugeait lui-même les

procès des habitans de Vincennes. Voudriez-vous nous ramener à ce bel ordre de choses qui ferait le malheur du Monarque lui-même ? Seriez-vous bien aise que la France seule parmi tous les états policés fût sans aucune charte, quand la Suède, le Danemark, malgré la révolution de 1660, tous les états d'Allemagne, en ont une ? Quand la Russie a un sénat qui tempère l'autorité assez absolue de son Souverain ? Quand tous les peuples de l'Europe, bouleversés par nos conquêtes, cherchent le remède à leurs maux dans l'établissement d'une constitution ? Quand l'Espagne enfin va peut-être donner pour la seconde fois au monde, l'exemple de ce que peut un peuple fier et persévérant qui veut être gouverné par ses propres lois ! vous rougiriez d'un pareil aveu.

Laissons, comme vous le dites, Monsieur ; oui, laissons faire le Père de famille. Déjà son retour a séché bien des larmes : il l'a dit lui-même, nous avons besoin de fixer les bases sur lesquelles seront assis désormais tous les corps de l'état. Un Prince tel que lui sait prévoir qu'à une longue suite de Souverains amis du bien public, succède souvent un mauvais Roi, et cette pensée, il ne la perdra point de vue.

Vous concluez du silence de la Nation sur ce que vous appelez *la violation de ses droits par le Sénat*, *que toute idée du gouvernement représentatif est hors de l'esprit national :* j'en tire au contraire une conséquence toute opposée. Son silence prouve son consentement jusqu'à l'évidence , et surtout quand on vous observera que l'on a vu dans beaucoup de villes une classe d'hommes , assez influante , col- porter publiquement des adresses où l'on demande le retour au régime de 89. Les Français qui n'ont point signé ces adresses , en ont, sans doute, peu goûté les principes. Comptez les noms de ceux qui les ont revêtues de leur approbation , et , par une simple soustraction , vous aurez le résultat du vœu général ; bien entendu surtout que vous ne l'appli- querez pas seulement à une ville , mais à la France entière.

Je vous abandonne très-volontiers et sans discus- sion tout ce qui est renfermé dans vos quatre derniè- res pages , à l'exception toutefois d'une de vos asser- tions sur la noblesse : vous êtes là dessus ce qu'était Voltaire à l'égard de Labaumelle. Vous, c'est par amour ; Voltaire , c'était par haine : *Trahit sua quemque voluptas.* Je vais donc vous suivre dans vos répétitions , à propos de Buonaparte *qui n'a pu donner aux siens de la considération ; qui créait des distinc- tians , donnait des titres et n'a pu parvenir à faire un noble.* Cette étrange assertion , démentie par les faits , m'étonne dans la bouche d'un homme prudent tel que vous.

Comment ! il n'a pas donné de la considération à un brave soldat , à un officier , à un général, en les récompensant sur le champ de bataille ? Quoi, lorsque le maréchal Massena reçut à Esling le titre de prince pour avoir sauvé l'armée par une glorieuse résistance, il n'en a retiré aucune considération ? Quel dommage, Monsieur, que vous n'ayez pas fait quelqu'effort pour me faire comprendre cela, au lieu de le présenter sèchement en forme d'axiôme.

Il n'a pas fait un noble ! Eh quelle noblesse mieux acquise que celle qui l'est en versant son sang pour son pays ! Priseriez-vous par hasard davantage celle d'un écuyer jaugeur de bois ou juré peseur de charbon ? Mais lorsque les Francs envahirent les Gaules, quels furent les premiers nobles, je vous prie ? Ceux à qui on distribua des terres moyennant certaines redevances ? n'était-ce point des militaires ? Et, ce que des conquérans faisaient dans ces temps reculés, un conquérant n'aurait pu le faire de nos jours ? Certes, ou je me trompe fort, ou vos principes, en fait de noblesse, ne trouveront pas beaucoup de partisans dans l'armée, je ne dis pas seulement parmi nos maréchaux, nos officiers supérieurs ; mais encore parmi les simples soldats. Vous n'en trouverez pas davantage dans toutes les professions. Ne vous apercevez-vous donc pas que vous détruisez de vos propres mains tout l'échafaudage de votre noblesse, et qu'en suivant votre raisonnement, nos Rois n'auraient pas eu le droit d'ennoblir ? Revenez donc à des idées plus saines, et permettez que Louis XVIII ne se soit pas trompé en honorant de la formule de notre cousin les Maréchaux de France, qu'il vient de mettre à la tête de sa garde : vous seriez fâché, je pense , que celui dont la dynastie remonte à l'an 987 , eût des roturiers parmi ses cousins.

Je finis , Monsieur. Quoique vous et moi puissions imprimer , nous ne changerons pas le destin de l'état ; quel que soit le gouvernement que l'on nous destine, nous lui serons également soumis , car notre dégoût dé révolutions nous en ferait la loi , quand nos mœurs et nos inclinations n'en donneraient pas l'assurance. Vous demandez la constitution de nos pères qui n'en avaient point , et qui furent gouvernés par des institutions incertaines dont l'origine ne remontait point aux sources de la monarchie , car cette monarchie elle-même a été tantôt élective , tantôt usurpée, tantôt héréditaire : je désire moi une constitution, et je soutiens que nous n'en avions pas. Vous prétendez que la France fut toujours heureuse sous ses rois ; je dis qu'elle ne le fut , ni sous François I.er , ni sous Henri III, ni lorsque le Grand Henri était forcé de conquérir son trône sur des factieux , ni sous Louis XIII, ni durant la minorité de Louis XIV , ni durant et après la guerre de la succession ; encore moins sous Louis XV du temps du système , et lorsqu'enfin le désordre des finances précipita le meilleur et le plus décidé de tous les rois à vouloir le bien de son peuple (1). Que serait-

---

(1) Si nous avions eu un gouvernement organisé , Louis XVI aurait guéri les plaies de la France. Mais il

ce si je reprenais ce tableau en remontant au-delà du règne de François I.er !

Nous voilà donc en contradiction manifeste, Monsieur, mais de cette contradiction, ne naîtra pas la haine, car rien ne saurait affaiblir les sentimens que je vous ai voués, et avec lesquels

j'ai l'honneur d'être

votre très-humble
et très-obéissant serviteur,

P.al CROUZÉT,

Membre du collége électoral, et du conseil
du 1.er arrondissement du Tarn.

Toulouse, le 1.er juin 1814.

---

assembla deux fois les notables sans résultat, les parlemens ne voulurent rien enregistrer, et l'infortuné Monarque se trouva seul sur le vaisseau de l'état. Que devait-il en résulter ? Son naufrage.